AF563748

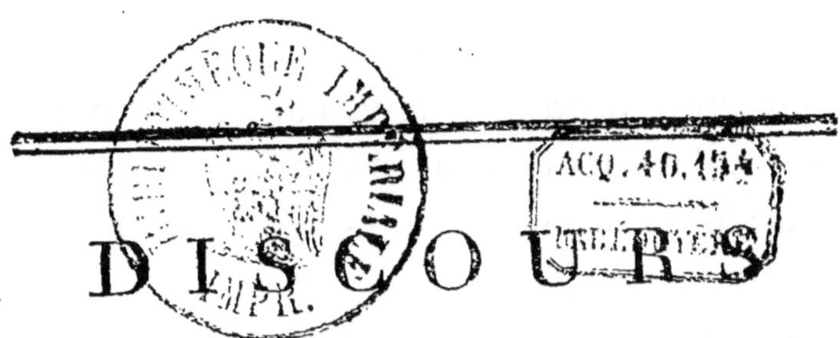

DISCOURS

Sur la Conspiration d'Outre-Rhin, et sur les moyens les plus efficaces à employer relativement aux Puissances étrangères qui accueillent et soutiennent cette conspiration;

Prononcé par M. CARRA *dans la séance de la Société des Amis de la Constitution, séante aux Jacobins de Paris, le* 11 *Novembre* 1791.

MESSIEURS,

L'histoire de tous les siècles jusqu'à présent n'ayant fourni ni pu fournir encore aucun exemple d'une révolution telle que la nôtre, ni des suites de cette révolution, ni de l'influence qu'elle doit avoir sur les autres peuples de ce continent, ni des agitations qu'elle doit produire dans l'ame des despotes et dans leurs combinaisons politiques, il n'est pas étonnant que l'expérience positive nous manque pour prévoir au juste, par des comparaisons de faits et des identités de circonstances, tout ce qui doit arriver, à dater du moment présent, et tout ce qu'il faut faire en faveur de notre cause et des succès que nous espérons. Mais si notre esprit veut suppléer à cette expérience de faits, il faut qu'en rassemblant toutes ses forces de perception, et en oubliant les anciens préjugés et l'histoire même des révolutions précédentes, il écarte de l'imagination les deux extrêmes les plus dangereux pour un peuple nouvellement libre, *la peur* ou *la présomption*. Avoir peur de ses ennemis, c'est être vaincu d'avance; rester dans l'inaction, sous prétexte de sa force et de la justice de sa cause, et ne parler que de tolérance, de générosité et de paix envers ces mêmes ennemis, et au moment où ils ne cessent d'agir en tout sens contre nous, c'est l'effet ou d'une insigne mauvaise foi, ou d'un entendement stupide, ou d'une présomption aveugle et insensée qui conduit au même but que la peur, c'est-à-dire, à être également vaincu. Ce sont ces deux extrêmes qu'il faut éviter, Messieurs ; et pour y parvenir, et pour trouver le moyen terme du parti que la nation et ses représentans doivent prendre, il faut se rendre compte de bonne foi, sans détour, sans prestige, sans crainte, et sans aucune considération propre ou particulière à d'autres, et de notre situation passée, et de notre situation présente, et de nos véritables pressentimens sur l'avenir. La solution des questions suivantes doit servir à ce but.

Première question : *Existe-t-il une conspiration contre la liberté, les droits, la constitution et le repos du peuple François ?*

Deuxième question : *Quels sont les conspirateurs, et au nom de qui prétendent-ils agir ?*

Troisième question : *Quels ont été depuis la révolution, quels sont aujourd'hui, et quels seront pour la suite immédiatement les projets et les moyens combinés des conspirateurs du dedans et du dehors ?*

Quatrième question : *Comment réprimer efficacement ces conspirateurs et arrêter la marche de leurs complots* combinés avec certaines cours étrangères ?

Cinquième et derniere question : *Qu'arrivera-t-il si, au lieu d'employer les moyens coërcitifs de puissance nationale et souveraine et de droit naturel contre la conspiration générale, on n'emploie que des palliatifs, de vaines menaces, des demi-moyens, des décrets inexécutés ou interprétatifs au gré de ceux qui seront chargés de leur exécution ?*

Première question. *Existe-t-il une conspiration contre la liberté, les droits, la constitution et le repos du peuple François ?*

Ce n'est pas à vous, Messieurs, que je dois chercher à prouver cette conspiration ; vous n'en doutez pas plus que vous ne doutez de l'existence des villes de Coblentz et de Worms, rendez-vous des conspirateurs ; c'est à ceux qui, en affectant de mépriser cette conspiration, nous disent tranquillement que les émigrations dont se composent les rassemblemens d'Outre-Rhin n'ont rien qui ne soit dans l'ordre des choses et de la liberté naturelle d'aller et de venir où l'on veut, et que ces émigrés ne nous ayant point encore attaqués ; nous ne devons ni préjuger, ni punir leurs intentions ; ce qui veut dire, en d'autres termes, que nous serons assez à temps de certifier la conspiration et de punir les conspirateurs par des loix sévères et des décrets vigoureux, lorsque ces conspirateurs auront établi tous leurs moyens et qu'ils commenceront à nous égorger, nous, nos femmes et nos enfans. Mais avant de nous attaquer, il aura bien fallu conspirer l'attaque ; eh bien, c'est de la conspiration qui précède une attaque, et non d'une attaque effectuée dont il s'agit ; et ce sont des preuves matérielles et multipliées de cette conspiration que nous avons sous les yeux, et qui se composent implicitement, et de la part de quelques puissances étrangères, et de la part des princes François rebelles.

Premièrement, de la déclaration de Pilnitz, qui n'est point révoquée et qui a été publiquement sollicitée par un des frères du roi.

Secondement, de l'accession toujours subsistante de plusieurs autres cours à cette déclaration.

Troisièmement, de la lettre très-publique

et non désavouée, datée de Schonburnlust, et écrite au roi par ses frères et cousins, pour l'empêcher, ou au moins avoir l'air de l'empêcher d'accepter la constitution, comme si dans tous les cas quelconques Louis XVI, depuis son retour de Varennes, pouvoit prendre un autre parti.

Quatrièmement, de la protestation également très-publique et non désavouée de ces mêmes princes contre l'acceptation consommée de l'acte constitutionnel par le roi et par son serment.

Cinquièmement, de l'établissement d'une chancellerie françoise à Coblentz, qui invite par sa correspondance, et par des formes de gouvernement, à la rébellion au-dedans et à l'émigration au-dehors.

Sixièmement, de l'envoi d'ambassadeurs à différentes cours étrangères, sur-tout à Pétersbourg, à Stockolm et ailleurs, de la part de cette chancellerie et des princes rebelles.

Septièmement, des audiences données par ces princes rebelles à plusieurs envoyés, et sur-tout à un envoyé de Russie, M. Romanzow.

Huitièmement, de la formation d'une

maison du roi à Coblentz, contradictoirement au décret de l'assemblée nationale qui ordonne la formation de cette maison au lieu où le roi des François fait sa résidence habituelle.

Neuvièmement, et enfin, de l'établissement (je dis peut-être, par pudeur pour l'atrocité du crime, car on donne le fait pour certain) d'une fabrique de faux assignats très-ressemblans aux véritables, sous la direction de l'infâme Calonne, dont les partisans et les complices à Paris ne l'ont peut-être que trop bien servi dans cette opération mille fois exécrable et criminelle.

Telles sont, Messieurs, les preuves morales, politiques et mathématiques de cette conspiration sur laquelle le ministre des affaires étrangères, M. Montmorin, a toujours gardé le silence le plus perfide et la contenance la plus coupable, et que toute la diplomatie des autres ministres Européens a tolérée et même encouragée, en infraction du droit sacré des nations et de tous les traités faits avec les puissances voisines de nos frontières. Je dirai plus, Messieurs, (car je suis ici dans la chaire de l'affreuse vérité) tout annonce en même-temps que cette conspiration est combinée sérieusement avec la cour des Tuileries ; car cette cour, loin de donner aucun signe d'improbation effective aux démarches antécédentes et actuelles des princes rebelles, à l'établissement d'une chancellerie françoise à Coblentz, à l'envoi d'ambassadeurs dans les cours étrangères de la part de cette chancellerie ; enfin, à tous les actes de souveraineté qu'affectent ces princes, la cour des Tuileries, au contraire, souffre paisiblement toutes ces insultes faites au peuple François et à sa constitution ; elle souffre que Monsieur, frère du roi, paroisse nanti de pleins pouvoirs pour conspirer et solliciter des secours auprès des puissances étrangères ! elle souffre qu'on forme à Coblentz une maison du roi, comme si le roi étoit convenu une seconde fois d'aller trouver lui-même cette maison militaire au-delà des frontières et de se mettre à la tête des rebelles ! Que sais-je même si la plupart des fonds destinés aux préparatifs des conspirateurs et à la nouvelle cour de Coblentz, ainsi qu'à alimenter l'esprit d'émigration, ne viennent pas de la cour des Tuileries elle-même, de cette liste civile toujours épuisée et cependant toujours inépuisable ? nous avons tous les plus fortes raisons pour le soupçonner. Et quand on rapproche, Messieurs, tant de manœuvres successives, tant de trahisons combinées, et quand on les examine dans leur ensemble et dans les suites désastreuses qu'elles peuvent avoir, peut-on se contenter de quelques mesures partielles, de quelques décrets menaçans, dont l'exécution soit confiée à ceux-là même qui mettront au moins la plus belle insouciance à cette exécution, s'ils n'y mettent la plus insigne perfidie ? Non, Messieurs, outre les décrets que la sagesse de l'assemblée nationale vient de rendre contre les principaux chefs de la conspiration d'Outre-Rhin, il en faut encore un qui embrasse toute l'infâme politique de cette conspiration en général, et qui soit suivi d'une prompte exécution, comme l'éclair est suivi de la foudre. Je dirai tout-à-l'heure en quoi ce décret et son exécution doivent consister. Je passe à la seconde question.

Seconde question. *Quels sont les conspirateurs, et au nom de qui prétendent-ils agir?*

Ces conspirateurs se divisent en deux classes, quoique réunis d'intention et correspondant au même but : les conspirateurs du dehors et ceux du dedans. Les conspirateurs du dehors sont 1°. les frères et quelques cousins du roi, et 2°. les despotes alliés de la France et qui ne reconnoissent que le roi dans les traités, et les alliés de ces alliés. Ceux du dedans sont les ministres du roi, les premiers commis des bureaux ministériels, la plupart des autres agens du ministère et leurs adhérens, y compris les prêtres perturbateurs. Les conspirateurs du dehors prétendent agir au nom du roi, ou pour le roi ; une partie de ceux du dedans affecte d'agir au nom de la constitution pour mieux nous envelopper dans le grand filet; l'autre partie affecte d'agir au nom de la religion, pour allumer une guerre civile et au profit du ci-devant clergé et au profit du roi : ainsi tous ces conspirateurs sont, en dernière analyse, des champions du roi, c'est-à-dire, du chef auquel la nation a confié le pouvoir exécutif de ses loix constitutionnelles, le salut de sa liberté et la gloire de l'empire ; de sorte que ce chef, le roi, étant l'objet principal et favori de la conspiration, en même-temps qu'il est le premier agent de la constitution, il est bien clair qu'il peut détruire l'une ou l'autre à son gré ; et dès qu'il n'arrête pas la conspiration par les moyens énergiques qu'il peut emprunter de la puissance nationale et du courage d'un peuple libre, c'est qu'il veut laisser détruire la constitution par la conspiration, soit au moyen des attaques dont on nous menace, soit en laissant épuiser notre patriotisme et nos finances dans les préparatifs que nous faisons contre les conspirateurs, soit en reculant ou avançant le moment de l'explosion, suivant que les troubles excités par les prêtres perturbateurs et les aristocrates de l'intérieur seroient plus ou moins considérables, et que le moment d'une banqueroute seroit arrivé à son point de maturité ; car sans la conspiration d'Outre-Rhin, les prêtres perturbateurs n'oseroient pas s'agiter avec tant d'impudence et de rage ; nous n'aurions pas fait les dépenses que nous avons faites ; nous ne risquerions pas, en négligeant ces dépenses, d'être attaqués par quelques puissances étrangères d'accord avec les princes François rebelles; enfin nous ne serions pas dans l'alternative où nous sommes aujourd'hui, ou de dépenser beaucoup d'argent pour nous tenir en défense, ou de laisser aux frères, cousins et alliés du chef de notre pouvoir exécutif la facilité de faire une invasion. Rien n'annonce que ce chef du pouvoir exécutif veuille nous tirer d'une pareille alternative; tout prouve, au contraire, que c'est par une telle combinaison qu'on a projetté de nous réduire aux extrémités les plus fâcheuses, en nous amusant jusqu'à l'époque fatale par des farces diplomatiques, des notifications insignifiantes et inefficaces, des réponses d'étiquette de cour et des nouvelles insidieuses et contradictoires dictées secrètement, par les chancelleries étrangères et le cabinet autrichien des Tuileries, aux nombreux journalistes qui leur sont dévoués en France et dans tout le reste de l'Europe.

Troisième question : *Quels ont été depuis la révolution, quels sont aujourd'hui, et quels seront pour la suite immédiatement les projets et les moyens combinés des conspirateurs du dedans et du dehors?*

J'ai déjà indiqué en partie dans la question précédente quels sont ces moyens et ces projets : les conspirateurs les ont variés, perfectionnés, augmentés, à fur et mesure qu'ils ont mieux suivi et calculé et les points de résistance de notre part, et les défauts de notre constitution, et notre ignorance en politique étrangère, et les foiblesses de notre caractère, et les passions des députés à l'assemblée nationale constituante, et les effets de la corruption sur certains personnages, et ceux de l'idolâtrie pour les rois et du fanatisme religieux sur le peuple. On avoit dans l'assemblée nationale constituante des hommes toujours prêts à s'opposer aux grands moyens que les patriotes proposoient ou auroient pu proposer pour arrêter les perfides manœuvres des ministres, les menées sourdes des aristocrates, ci-devant nobles, la turbulence incendiaire des prêtres non-conformistes, la rébellion des princes fugitifs et leurs sollicitations de secours auprès des cours étrangères. Il paroît, messieurs, qu'il existe aussi de pareils hommes dans l'assemblée nationale actuelle. On avoit dans les départemens des administrateurs dévoués à l'ancien régime, et par conséquent très-propres à préparer son retour ; on en a malheureusement encore, et en trop grand nombre; et ce sont ceux-là sur lesquels les conspirateurs du dedans et du dehors n'ont cessé de compter, non-seulement pour favoriser une guerre civile et une invasion au moment donné, mais pour disposer les esprits, par le découragement et le dégoût, à souffrir ces évènemens. Au commencement de la révolution les fugitifs étoient en petit nombre, et ils étoient dispersés : ils ne devoient se réunir qu'après l'évasion effectuée du roi, projettée à différentes reprises. Celle du 21 juin dernier, dont personne n'a pu douter, a échoué, et cependant c'est après cet échec que les conspirateurs se trouvent presque tous réunis au même point et que leur nombre s'est augmenté ; c'est sur-tout depuis l'acceptation du roi, qui devoit naturellement produire un effet tout contraire, que ce nombre est devenu effrayant. Étoit-ce donc là ce que nous avions à attendre et de l'achèvement de la constitution, et du pouvoir immense que nous avions remis entre les mains du roi, et de la responsabilité de ses ministres, et des trente-cinq millions de la liste civile puisés dans le plus pur sang du peuple, et de la politique du cabinet des Tuileries ? Pourquoi la force coercitive du pouvoir législatif et du pouvoir exécutif réunis dans les représentans de la nation et le roi, qu'on a dit si souvent ne faire qu'un avec cette nation, n'a t-elle pas arrêté dans son principe, ou au moins dans le milieu de sa course, ce torrent de conspirateurs et de traîtres qui se sont répandus à l'aise au-dedans et au-dehors ? --- Pourquoi ? en voici la raison : c'est que le pouvoir exécutif et ses agens, habitués au despotisme, et regrettant sans cesse l'ancien régime, n'ont jamais pu ou voulu voir dans le nouvel ordre de choses qu'une rébellion contre l'autorité royale, et dans les conspirateurs que des partisans fidèles et zélés de cette autorité arbitraire ; c'est que, loin de faire valoir sa nouvelle autorité constitutionnelle contre ces chers partisans de son despotisme passé, et de s'unir sincèrement au corps législatif pour cet effet, le pouvoir exécutif ne se gêne même pas pour marcher en sens totalement inverse de la constitution; bien convaincu que c'est un moyen, non-seulement pour favoriser les conspirateurs, mais pour tenir sans cesse le corps législatif en échec et en arrêt, si toutefois il ne peut pas le forcer à rétrogader. Voilà, messieurs, ce que sont deux pouvoirs qui heurlent de se trouver ensemble, et dont l'un va à gauche tandis que l'autre va à droite ou ne bouge pas. C'est dans ce méchanisme contradictoire, non pas en lui-même absolument, mais par les préjugés, l'orgueil et la stupide malice de ceux qui en tournent la manivelle, que se trouvent la cause, l'accroissement et l'effrayante continuation d'une conspiration formée au-dedans et autour de cet empire.

L'impunité des premiers conspirateurs a enhardi les autres; le silence gardé envers les despotes étrangers qui ont accueilli et soutenu ces conspirateurs a encouragé ces despotes à nous braver, à nous menacer même. L'opiniâtreté stupide à vouloir conserver le traité de 1756 avec la maison d'Autriche, et à éloigner de nous toute autre alliance défensive, n'a pas peu contribué

contribué encore à donner de l'espoir et de la consistance aux projets de ces mêmes conspirateurs ; et aujourd'hui, quelle que soit la position de ces conspirateurs, ils sont toujours là, comme je l'ai déjà dit, soit pour nous tenir en échec, soit pour nous attaquer lorsque l'occasion s'en présentera ; le temps est indifférent pour eux ; les moyens ne leur manqueront pas, puisqu'ils ont dans leur parti tous les despotes de l'Europe, et de plus le chef du pouvoir exécutif de la constitution françoise.

C'est donc en temporisant, en épuisant nos finances, en cherchant à décourager notre patriotisme, à fatiguer notre zèle, à endormir notre vigilance, à émousser notre sagacité, à dévier nos apperçus, et en se concertant plus que jamais avec les ministres de Louis XVI, que les conspirateurs du dehors, d'accord avec ceux du dedans, espèrent tôt ou tard nous surprendre, nous vaincre et nous remettre dans les fers. Amis ! je le jure en votre nom, l'univers entier ne pourroit nous remettre ces fers, nous saurions bien mourir auparavant.

Quatrième question : *Comment réprimer efficacement ces conspirateurs et arrêter la marche de leurs complots combinés avec certaines puissances étrangères ?*

Si notre révolution n'étoit pas l'ouvrage d'une intelligence suprême, d'une providence divine ; si elle n'étoit pas l'effet des progrès d'une raison et d'une philosophie universelles ; si notre constitution n'avoit pas pour base la déclaration des droits de l'homme, droits sacrés, imprescriptibles et éternels comme le monde ; si, au contraire, cette révolution n'étoit pas l'effet de l'ambition, de l'orgueil ou de la vengeance de quelques tyrans couronnés, ou de quelques princes usurpateurs, ou de quelques démagogues insensés, certes il ne seroit pas difficile de prévoir aujourd'hui la vraie possibilité d'une contre-révolution qui ramèneroit l'ancien régime sous l'ancien tyran ou sous un nouveau. Mais la déclaration des droits de l'homme a sanctionné cette révolution ; mais le ciel, qui, depuis l'origine du globe, a donné aux nations des rois dans sa colère, a enfin donné aux François, dans sa justice, la force de renverser le trône de la tyrannie, le sentiment profond de leur liberté conquise et le courage éclairé qui doit servir à la conserver ou mourir. Eh bien, citoyens! s'il en est ainsi, s'il est vrai que nous ayons triomphé des monstres qui dévoroient depuis si long-temps nos contrées, le despotisme, le fanatisme et l'aristocratie, dans le temps que ces monstres avoient toute la vigueur de leurs dents cruelles et de leur venin destructeur, pourquoi n'acheverions-nous pas aujourd'hui sur eux ce triomphe incomplet? Sont-ils plus puissans que nous parce qu'ils ont intéressé dans leur querelle tous les tyrans de l'Europe? Non, messieurs, et nous aussi nous intéresserons dans la nôtre toutes les nations de ce continent, victimes gémissantes et indignées de l'orgueil et de l'oppression de ces tyrans. Ces tyrans diront dans leurs manifestes que nous avons l'audace de vouloir être libres et de nous soustraire à ce qu'ils appellent des *maîtres*; et nous, nous dirons dans les nôtres qu'ils ont l'insolence d'oser menacer tout le genre humain dans la personne des François, et les droits de tous les peuples consignés dans la déclaration des droits de l'homme promulguée en France. Ils auront des esclaves armés de sabres et de fusils, et nous aurons des hommes libres armés de piques et de faulx. Ils auront pour eux le tonnerre de leur nombreuse artillerie, et nous aurons pour nous le feu du ciel; car, n'en doutez pas, mes amis, le ciel combattra pour nous; notre cause est trop belle; elle honore trop l'être suprême pour que nous redevenions la proie des plus vils des hommes et des plus lâches des tyrans.

Mais... (nous l'avons déjà dit, et chacun de nous n'est que trop pénétré de ces tristes vérités) : L'espoir, l'impudence et le nombre des conspirateurs n'ont augmenté depuis l'acceptation du roi qu'en vertu sans doute de cette acceptation et des rapports plus sûrs, mieux combinés et plus efficaces entr'eux et les principaux agens de notre pouvoir exécutif. Pour nous ce pouvoir exécutif fait le mort, pour eux il est plein de vie. Il faut le dire hautement, messieurs, c'est dans notre constitution, c'est dans l'acceptation même de leur frère ou allié que les princes François rebelles et la plupart des despotes Européens cherchent et croyent trouver aujourd'hui la perte de cette même constitution et le moyen des vengeances.

Ils savent bien qu'une liberté naissante ne joue pas impunément avec les élèves consommés de la tyrannie et de l'aristocratie ; ils connoissent tout l'effet de la ruse et de l'hypocrisie sur un peuple encore trop crédule et trop gauchement généreux ; ils espèrent enfin nous aveugler et nous réduire par les moyens même qui nous inspirent l'enthousiasme pour notre nouveau gouvernement, l'obéissance aux loix et l'amour de la constitution. On ne cessera de nous dire et de nous répéter sous toutes les formes que c'est au chef constitutionnel de notre pouvoir exécutif qu'il appartient de négocier avec les puissances étrangères ; que c'est à lui d'en imposer à ses frères ; que c'est à lui à diriger la force publique, à préparer les moyens de défenses sur les frontières, et à rétablir l'ordre et la paix dans l'intérieur ; j'en conviens, tout cela est dans l'ordre et la forme de la constitution ; mais voyez comme les principaux agens de ce pouvoir se sont acquittés jusqu'ici de leurs fonctions! comme ils ont empêché les troubles d'Arles, les massacres d'Avignon, les attroupemens séditieux des prêtres conspirateurs dans plusieurs départemens, les rassemblemens au-delà du Rhin, et les insultes faites aux François patriotes dans les pays étrangers ! Vous verrez comme ils se corrigeront par la suite, ces ministres, ces agens perfides, ou les successeurs qu'on leur choisira et qui seront paîtris du même fiel aristocratique et de la même fourbe que les précédens ! Eh bien ! que fera-t-on dans ces extrémités ? Le peuple se plaindra-t-il du pouvoir exécutif et de ses agens ? *renvoyé au pouvoir exécutif.* L'ennemi sera-t-il à nos portes ? Le feu sera-t-il aux quatre coins de l'empire ? *renvoyé au pouvoir exécutif.*

Ainsi, malgré les plus grands dangers, malgré que le salut du peuple crieroit vengeance, on auroit donc plus d'égards et de vénération pour la partie que pour le tout, pour quelques articles de la constitution que pour la constitution toute entière, pour les articles qui regardent le roi que pour ceux qui concernent la nation ? On laisseroit donc effacer des annales de notre mémorable révolution et du livre sacré de nos loix la morale éternelle et la sublime philosophie de la déclaration des droits de l'homme et de la souveraineté nationale, qui furent l'ouvrage de Dieu, de la nature, du temps, de la justice et de la raison, et tout cela par respect pour quelques articles de politique arbitraire et gothique, qui ne furent que l'ouvrage de quelques intriguans du comité de constitution, vils esclaves de la liste civile et du caprice, de leur ignorance et de leurs préjugés ? Je le demande, Messieurs, la crainte de déplaire à un individu et de troubler la conspiration de ses parens et de ses ministres contre une nation à laquelle vous avez fait votre premier serment l'emportera-t-elle sur la crainte de voir un jour, peut-être, vous, vos femmes et vos enfans sous le couteau des traîtres, et cette même nation, dont vous avez juré de défendre les droits et la souveraineté jusqu'au dernier soupir, sous le joug d'un despotisme plus odieux et plus vindicatif que jamais ? Les représentans du peuple, enfin, sacrifieroient-ils à une famille immorale et incorrigible, paîtrie de haine et d'orgueil, gangrénée de vices et de faussetés, la grande et auguste famille nationale, composée de 25 millions de frères et d'amis, ce peuple immense si chéri du ciel par ses vertus naturelles, sa bonté, son industrie, son génie; ce peuple dont la régénération et la destinée futures s'annoncent avec d'aussi belles espérances pour son bonheur et celui des peuples qui le contemplent et l'admirent? Non, Messieurs, les représentans du peuple François n'abandonneront point ce peuple au caprice insolent et aux prétentions vindicatives d'une famille ennemie et conspiratrice; ils ne prendront point le change sur les droits éternellement constitutionnels de ce peuple et sur les prérogatives politiquement constituées du chef du pouvoir exécutif; ils diront à ce chef : c'est à toi à faire rentrer sur-le-champ les traîtres et les conspirateurs dans le devoir, ou à les frapper, s'ils refusent, de la masse imposante de forces que la nation t'a confiées; si tu balances, tu es donc leur complice; parle, obéis à la loi, obéis à la nation, ou descends du trône où la nation et la loi t'ont placé.

Telle est, Messieurs, l'alternative absolue où la conspiration des parens et alliés de Louis XVI a mis la nation : ou le chef du pouvoir exécutif fera sérieusement et promptement son devoir dans cette occasion et sous tous les rapports, ou le plus saint des devoirs, celui de sa conservation propre et de celle de ses droits naturels, obligera la nation d'être elle-même, et par l'organe de ses vrais représentans, la puissance exécutrice de ses propres volontés et la seule surveillante de son propre salut.

Voici le projet de décret que je propose dans les circonstances où nous sommes, et qui peut faire suite, relativement à la politique extérieure, à ceux que l'assemblée nationale vient de rendre dans sa sagesse et sa noble énergie.

L'assemblée nationale, considérant que toute souveraineté réside essentiellement, exclusivement et imprescriptiblement dans le peuple, et que toute espèce de pouvoir ou d'autorité constituée n'est qu'une délégation de ce même peuple, sous la condition expresse, et *sine quâ non*, que ce pouvoir et cette autorité constituée n'agira que pour l'avantage, la sûreté, la prospérité et la gloire de ce même peuple, ainsi que pour le maintien de sa constitution, de ses droits et de sa liberté;

Que, par conséquent, dans les rapports de politique extérieure avec les autres nations ou leurs chefs et monarques, le chef du pouvoir exécutif des François ne peut et ne doit traiter qu'au nom de la nation, et comme son délégué à cet effet, et non comme souverain lui-même ;

Et qu'encore la nation françoise a déclaré solemnellement, en face du ciel et de la terre, par l'organe de ses véritables représentans, ne vouloir désormais faire aucune conquête sur ses voisins, ni les attaquer jamais qu'en cas d'invasion ou d'insulte manifeste de leur part, ou de complicité dans une conspiration contre elle, déclare :

1°. Que tout pouvoir constitué qui ne remplit pas ses devoirs aux termes précis spécifiés dans la constitution et dans l'éternelle convention de la loi suprême, le salut du peuple, rentre dans la souveraineté du peuple d'où il émane ; et que les agens de ce pouvoir, suspects seulement d'infidélité et de trahison envers la nation, sont indignes de sa confiance, et dès-lors sous le coup d'une responsabilité réelle, en vertu de laquelle ils doivent être surveillés, et peuvent être dénoncés et accusés par tous les citoyens et poursuivis par les tribunaux par-tout où ils auront enfreint l'exécution des loix et porté, par leur impéritie ou par leur fourberie aristocratique, le trouble, le désordre et l'anarchie.

2°. Que toutes négociations ou traités d'alliance faits avec les chefs ou monarques des autres nations dans lesquels la souveraineté du peuple François et sa constitution ne sont pas expressément reconnues deviennent nuls de droit et de fait, sauf les traités de commerce, qui subsisteront sans inconvénient jusqu'à ce qu'ils aient été renouvellés de gré à gré par les parties contractantes.

Et 3°. que la nation françoise regarde comme une insulte manifeste à sa souveraineté et à sa constitution, et comme une véritable déclaration de guerre, non l'accueil hospitalier que les électeurs de Trèves, de Mayence et autres princes de l'Europe ont fait aux émigrés François, mais la conspiration qu'ils favorisent et soutiennent chez ces émigrés ; mais l'établissement qu'ils souffrent à Coblentz d'une chancellerie françoise qui reçoit et envoie des ambassadeurs; mais la formation hors des frontières d'une maison du roi de France autre que celle décrétée par l'assemblée nationale, ainsi que d'une nouvelle armée françoise sous la dénomination double des mêmes régimens qui existent en France ; ce qui est un attentat formel au droit des nations en général, une conspiration manifeste contre la nation françoise en particulier, et une insulte à tous les pouvoirs constitués de cet empire.

En conséquence de ces considérations et déclarations, l'assemblée nationale décrète ce qui suit :

Art. Ier. Le roi fera notifier incessamment, au nom de la nation et de la constitution, aux électeurs de Trèves et de Mayence qu'ils aient à réprimer les attentats des émigrés auxquels ils ont donné l'hospitalité, en supprimant leur chancellerie françoise, et en leur défendant, sous peine d'expulsion, la formation d'aucune maison du roi et d'aucune armée, sous quelque dénomination que ce soit, sans quoi la nation françoise se trouveroit forcée d'entrer elle-même à main armée sur les terres desdits électeurs pour détruire ce repaire de conspirateurs et de traîtres.

Art. II. Le roi fera demander formellement, également au nom de la nation et de la constitution, aux cours de Vienne et de Berlin la révocation expresse et authentique de la déclaration de Pilnitz, en ce qui concerne la France et les secours promis aux princes conspirateurs ; faute de quoi la nation françoise ne pourroit s'empêcher de regarder cette déclaration comme une marque certaine des intentions hostiles de ces deux cours envers elle, et comme une suite de complicité dans la conspiration continuée des frères du roi contre notre constitution et notre liberté, ce qui obligera la nation françoise, non-seulement de rappeller son corps diplomatique des cours étrangères, mais d'adresser, par l'organe de ses représentans, à tous les peuples de l'Europe un manifeste traduit dans toutes les langues, pour les prévenir de cete conspiration générale contre les peuples, et les intéresser à la déclaration des droits de l'homme et au sort des François leurs frères et leurs amis.

Art. III. Le comité diplomatique se fera représenter incessamment tous les traités d'alliance offensive et défensive avec les différens chefs de nations ou monarques européens pour les examiner et proposer le nouveau mode par lequel tous ces traités pourront dorénavant être faits ou renouvellés avec les puissances qui reconnoîtroient la souveraineté de la nation, et le roi comme simple mandataire de cette souveraineté, sous le rapport seulement du pouvoir exécutif constitué en sa personne.

Cinquième et dernière question : *Qu'arrivera-t-il si, au lieu d'employer les moyens coërcitifs de puissance nationale et souveraine et de droit naturel contre la conspiration générale, on n'emploie que des palliatifs, de vaines menaces, des demi-moyens, et des décrets inexécutés ou interprétatifs au gré de ceux qui seront chargés de leur exécution ?*

Si l'assemblée nationale ne prend pas les mesures rigoureuses et absolument forcées que je viens d'indiquer, ou des mesures équivalentes, et si elle n'ordonne pas au pouvoir exécutif de les mettre sérieusement et le plus promptement possible en œuvre, voici ce qui arrivera.

Les principaux conspirateurs d'Outre-Rhin, je veux dire les princes François rebelles, sans cesse excités par leur propre rage, sans cesse alimentés par l'espérance que les despotes européens leur donnent, et par les fonds qu'on leur fait passer de toutes parts, continueront à former des conseils et des rassemblemens à Coblentz et à Worms, et à tenir nos frontières en échec, ainsi qu'à fomenter des troubles dans l'intérieur, jusqu'au moment où ils nous croiront suffisamment fatigués par les manœuvres des agens du pouvoir exécutif, suffisamment ruinés par nos propres dépenses et par les agioteurs, suffisamment inquiétés par les fabricateurs de faux assignats, suffisamment endormis par les farces diplomatiques des cours étrangères, et suffisamment trompés par les belles protestations de la cour des Tuileries ; alors les émigrés, rentrés en grande partie pour venir chercher leurs traitemens et leurs revenus, pour antidater des quittances à leurs fermiers, ou des ventes de terres, ou des emprunts, retourneront vers leurs camarades ; les troubles du Brabant, qui ne sont qu'un prétexte et un jeu de Léopold pour demander l'intervention de la Prusse et de la Hollande, amèneront des troupes Hollandoises et Prussiennes, et dans le pays de Liège, et sur nos frontières du côté des Pays-Bas ; et ces troupes réunies aux troupes Autrichiennes, qui s'y trouveront à coup sûr au nombre de 70 à 80 mille hommes avant la fin de l'hiver, seront prêtes à seconder les conspirateurs. D'un autre côté, les troupes espagnoles en force feront un mouvement vers les Pyrénées; les troupes sardes vers les Alpes; tandis que les flottes russe, suédoise et espagnole se mettront en mer; d'où le ministre de la guerre et celui de la marine, sous l'apparence d'un beau zèle pour la défense de l'empire, mais en effet pour mieux faire valoir leurs trahisons dans ce cahos subit d'évènemens, prendront occasion, le premier, de faire marcher nos troupes de ligne à tort et à travers par des routes obliques dans l'intérieur, et de dégarnir les frontières du nord et de l'ouest, sans garnir celles du midi et de l'est; le second, pour disperser également nos escadres à l'aventure, et tous deux pour nous dépenser beaucoup d'argent inutilement et nous livrer de toutes parts à nos ennemis. Ce n'est pas tout, plusieurs commandans de places, dont la fidélité n'est que trop douteuse, auront tout arrangé pour pouvoir y introduire les conspirateurs; les officiers parjures qui seront revenus, sous les aîles de M. Duportail, prendre leurs postes dans les régimens,

les

abandonneront de nouveau ; peut-être alors une grande banqueroute ou plusieurs banqueroutes partielles éclateront ; à coup sûr une guerre civile dans différens départemens de l'intérieur au moment où nous serons attaqués vers les frontières. Voilà, Messieurs, les projets combinés de nos ennemis du dehors et du dedans ; voilà les maux que je prévois si l'assemblée nationale ne prend pas des mesures vigoureuses et coërcitives, telles au moins que celles que je viens de présenter, et si la nation ne parle en maître et en souverain à celui qu'elle a délégué pour l'exécution de ses volontés.

Post-Scriptum. Depuis la lecture de ce discours, le roi ayant attenté à la loi suprême, le salut du peuple, par l'abus du *veto* sur le décret contre les émigrans, il est nécessaire d'ajouter à mon projet de décret celui proposé le 21 de ce mois de novembre par M. Dubois de Crancé, à la séance des Jacobins, savoir : que l'assemblée nationale déclare le roi responsable sur sa tête des évènemens et des moindres hostilités de la part des conspirateurs d'Outre-Rhin ; et en outre qu'elle convoque dans ce même cas une *convention nationale*, pendant laquelle le pouvoir exécutif royal seroit suspendu et rentreroit dans la souveraineté du peuple. Ces deux propositions sont de la plus haute importance, et dignes de la plus grande attention.

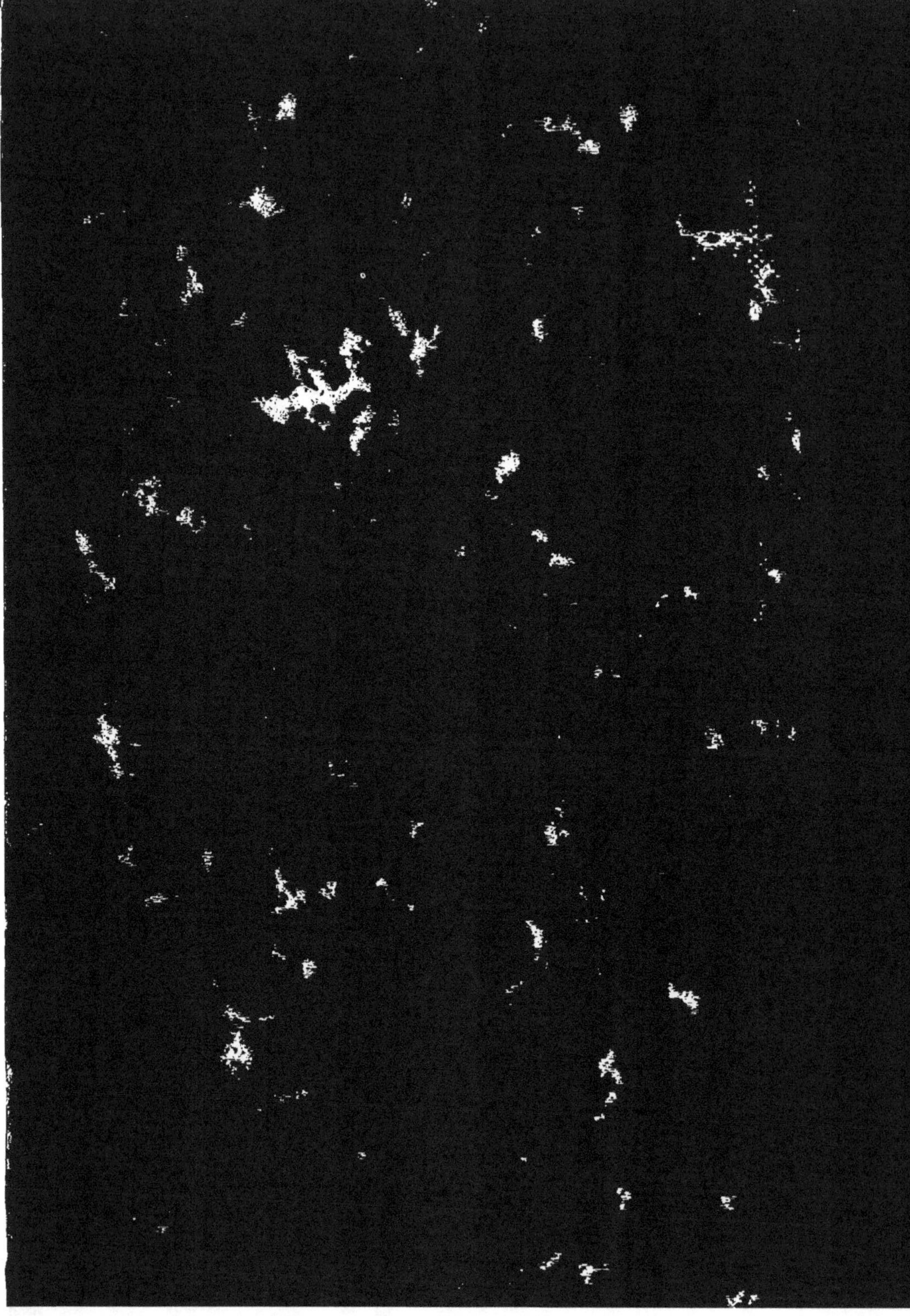

www.ingramcontent.com/pod-product-compliance
Lightning Source LLC
LaVergne TN
LVHW020244230826
846091LV00006B/2240

* 9 7 8 2 0 1 3 2 6 2 3 1 6 *